MEWCATS Global Foundations of Cognitive Abilities and Thinking Skills for Grades 2 to 5

By Mary Kathreena

2nd Edition (2e0)

2018

Answer Sheets for problems in MEWCATS

Terms and Agreements: This is licensed for personal use only.

Dedication:

To all who teach, all around the world.

Light and inspire the imagination.

Note: The page number in the Table of Contents may not match the page numbers on a digital device like a Tablet.

Table of Contents:

Introduction to MEWCATS Answer Worksheets

MEWCATS is an introduction to various concepts that are very useful in the development of general thinking capabilities in young children. These concepts will lay the foundation on which children will build upon as they progress to higher grades. The establishment of a strong foundation in the early years will make them more effective in the future years.

This book contains ANSWER WORKSHEETS to MEWCATS. These worksheets should help explore MEWCATS problem sets and redo them whenever needed.

MEWCATS – ANSWER WORKSHEETS

MEWCATS Generic Bubble Sheet

Name: _____

Section: _____

Sub-section: _____

1)	(a)	(b)	(c)	(d)	(e)	26)	(a)	(b)	(c)	(d)	(e)
2)	(a)	(b)	(c)	(d)	(e)	27)	(a)	(b)	(c)	(d)	(e)
3)	(a)	(b)	(c)	(d)	(e)	28)	(a)	(b)	(c)	(d)	(e)
4)	(a)	(b)	(c)	(d)	(e)	29)	(a)	(b)	(c)	(d)	(e)
5)	(a)	(b)	(c)	(d)	(e)	30)	(a)	(b)	(c)	(d)	(e)
6)	(a)	(b)	(c)	(d)	(e)	31)	(a)	(b)	(c)	(d)	(e)
7)	(a)	(b)	(c)	(d)	(e)	32)	(a)	(b)	(c)	(d)	(e)
8)	(a)	(b)	(c)	(d)	(e)	33)	(a)	(b)	(c)	(d)	(e)
9)	(a)	(b)	(c)	(d)	(e)	34)	(a)	(b)	(c)	(d)	(e)
10)	(a)	(b)	(c)	(d)	(e)	35)	(a)	(b)	(c)	(d)	(e)
11)	(a)	(b)	(c)	(d)	(e)	36)	(a)	(b)	(c)	(d)	(e)
12)	(a)	(b)	(c)	(d)	(e)	37)	(a)	(b)	(c)	(d)	(e)
13)	(a)	(b)	(c)	(d)	(e)	38)	(a)	(b)	(c)	(d)	(e)
14)	(a)	(b)	(c)	(d)	(e)	39)	(a)	(b)	(c)	(d)	(e)
15)	(a)	(b)	(c)	(d)	(e)	40)	(a)	(b)	(c)	(d)	(e)
16)	(a)	(b)	(c)	(d)	(e)	41)	(a)	(b)	(c)	(d)	(e)
17)	(a)	(b)	(c)	(d)	(e)	42)	(a)	(b)	(c)	(d)	(e)
18)	(a)	(b)	(c)	(d)	(e)	43)	(a)	(b)	(c)	(d)	(e)
19)	(a)	(b)	(c)	(d)	(e)	44)	(a)	(b)	(c)	(d)	(e)
20)	(a)	(b)	(c)	(d)	(e)	45)	(a)	(b)	(c)	(d)	(e)
21)	(a)	(b)	(c)	(d)	(e)	46)	(a)	(b)	(c)	(d)	(e)
22)	(a)	(b)	(c)	(d)	(e)	47)	(a)	(b)	(c)	(d)	(e)
23)	(a)	(b)	(c)	(d)	(e)	48)	(a)	(b)	(c)	(d)	(e)
24)	(a)	(b)	(c)	(d)	(e)	49)	(a)	(b)	(c)	(d)	(e)
25)	(a)	(b)	(c)	(d)	(e)	50)	(a)	(b)	(c)	(d)	(e)

9

A. Answer Worksheets - Verbal Section

Part AA - Verbal: Parts of Speech

Write down definitions of the parts of speech below, or draw pictures about it.

AA-1) Noun – person:

AA-2) Noun – place

AA-3) Noun – thing

AA-4) Noun – idea

AA-5) Pronoun

Write down definitions of the parts of speech below, or draw pictures about it.

AA-6) Verb

AA-7) Adverb

AA-8) Adjective

AA-9) Preposition

AA-10) Conjunction

AA-11) Interjection

Part AB - Verbal: Vocabulary

Write down sentences using the following words, or draw pictures about it.

AB-1. commencement

AB-2. academic

AB-3. arduous

AB-4. steep

AB-5. cliff

Write down sentences using the following words, or draw pictures about it.

AB-6.   inclination

AB-7.   declination

AB-8.   exert

AB-9.   strenuous

AB-10. endeavor

Write down sentences using the following words, or draw pictures about it.

AB-11. summit

AB-12. nadir

AB-13. rigor

AB-14. venomous

AB-15. talisman

Write down sentences using the following words, or draw pictures about it.

AB-16. queasy

AB-17. holocaust

AB-18. recount

AB-19. lucid

AB-20. opaque

Write down sentences using the following words, or draw pictures about it.

AB-21. quench

AB-22. genial

AB-23. curator

AB-24. avid

AB-25. satellite

Write down sentences using the following words, or draw pictures about it.

AB-26. gravity

AB-27. whirl

AB-28. confront

AB-29. evidence

AB-30. scrub

Write down sentences using the following words, or draw pictures about it.

AB-31. retort

AB-32. barbarian

AB-33. vanquish

AB-34. quest

AB-35. relic

Write down sentences using the following words, or draw pictures about it.

AB-36. excavate

AB-37. forte

AB-38. feat

AB-39. intimidate

AB-40. nomad

Write down sentences using the following words, or draw pictures about it.

AB-41. migrate

AB-42. knack

AB-43. zest

AB-44. audible

AB-45. junction

Write down sentences using the following words, or draw pictures about it.

AB-46. pensive

AB-47. yacht

AB-48. tycoon

AB-49. unwitting

AB-50. waive

Part AC - Verbal: Sentence Completion

Circle the correct choice:

AC-1)   A   B   C   D   E   AC-13)   A   B   C   D   E

AC-2)   A   B   C   D   E   AC-14)   A   B   C   D   E

AC-3)   A   B   C   D   E   AC-15)   A   B   C   D   E

AC-4)   A   B   C   D   E   AC-16)   A   B   C   D   E

AC-5)   A   B   C   D   E   AC-17)   A   B   C   D   E

AC-6)   A   B   C   D   E   AC-18)   A   B   C   D   E

AC-7)   A   B   C   D   E   AC-19)   A   B   C   D   E

AC-8)   A   B   C   D   E   AC-20)   A   B   C   D   E

AC-9)   A   B   C   D   E   AC-21)   A   B   C   D   E

AC-10)   A   B   C   D   E   AC-22)   A   B   C   D   E

AC-11)   A   B   C   D   E   AC-23)   A   B   C   D   E

AC-12)   A   B   C   D   E   AC-24)   A   B   C   D   E

Part AD - Verbal: Verbal Analogies

Circle the correct choice:

AD-1)	A	B	C	D	E	AD-15)	A	B	C	D	E
AD-2)	A	B	C	D	E	AD-16)	A	B	C	D	E
AD-3)	A	B	C	D	E	AD-17)	A	B	C	D	E
AD-4)	A	B	C	D	E	AD-18)	A	B	C	D	E
AD-5)	A	B	C	D	E	AD-19)	A	B	C	D	E
AD-6)	A	B	C	D	E	AD-20)	A	B	C	D	E
AD-7)	A	B	C	D	E	AD-21)	A	B	C	D	E
AD-8)	A	B	C	D	E	AD-22)	A	B	C	D	E
AD-9)	A	B	C	D	E	AD-23)	A	B	C	D	E
AD-10)	A	B	C	D	E	AD-24)	A	B	C	D	E
AD-11)	A	B	C	D	E	AD-25)	A	B	C	D	E
AD-12)	A	B	C	D	E	AD-26)	A	B	C	D	E
AD-13)	A	B	C	D	E	AD-27)	A	B	C	D	E
AD-14)	A	B	C	D	E	AD-28)	A	B	C	D	E

Part AE - Verbal: Verbal Classification

Circle the correct choice:

AE-1)	A	B	C	D	E	AE-15)	A	B	C	D	E
AE-2)	A	B	C	D	E	AE-16)	A	B	C	D	E
AE-3)	A	B	C	D	E	AE-17)	A	B	C	D	E
AE-4)	A	B	C	D	E	AE-18)	A	B	C	D	E
AE-5)	A	B	C	D	E	AE-19)	A	B	C	D	E
AE-6)	A	B	C	D	E	AE-20)	A	B	C	D	E
AE-7)	A	B	C	D	E	AE-21)	A	B	C	D	E
AE-8)	A	B	C	D	E	AE-22)	A	B	C	D	E
AE-9)	A	B	C	D	E	AE-23)	A	B	C	D	E
AE-10)	A	B	C	D	E	AE-24)	A	B	C	D	E
AE-11)	A	B	C	D	E	AE-25)	A	B	C	D	E
AE-12)	A	B	C	D	E	AE-26)	A	B	C	D	E
AE-13)	A	B	C	D	E	AE-27)	A	B	C	D	E
AE-14)	A	B	C	D	E	AE-28)	A	B	C	D	E

B.   Answer Worksheets - Spatial Section

Part BA - Spatial: Figure Patterns – Black and White

Circle the correct choice:

BA-1)	A	B	C	D		BA-10)	A	B	C	D
BA-2)	E	F	G	H		BA-11)	E	F	G	H
BA-3)	I	J	K	L		BA-12)	I	J	K	L
BA-4)	A	B	C	D		BA-13)	A	B	C	D
BA-5)	E	F	G	H		BA-14)	E	F	G	H
BA-6)	I	J	K	L		BA-15)	I	J	K	L
BA-7)	A	B	C	D		BA-16)	A	B	C	D
BA-8)	E	F	G	H		BA-17)	E	F	G	H
BA-9)	I	J	K	L		BA-18)	I	J	K	L

Part BB - Spatial: Figure Patterns - Color

Circle the correct choice:

BB-1) A   B   C   D   E   BB-7)   A   B   C   D   E

BB-2) A   B   C   D   E   BB-8)   A   B   C   D   E

BB-3) A   B   C   D   E   BB-9)   A   B   C   D   E

BB-4) A   B   C   D   E   BB-10) A   B   C   D   E

BB-5) A   B   C   D   E   BB-11) A   B   C   D   E

BB-6) A   B   C   D   E   BB-12) A   B   C   D   E

Part BC - Spatial: Figure Groups

Circle the correct choice:

BC-1)	A	B	C	D	E
BC-2)	A	B	C	D	E
BC-3)	A	B	C	D	E
BC-4)	A	B	C	D	E
BC-5)	A	B	C	D	E
BC-6)	A	B	C	D	E
BC-7)	A	B	C	D	E
BC-8)	A	B	C	D	E
BC-9)	A	B	C	D	E
BC-10)	A	B	C	D	E
BC-11)	A	B	C	D	E

BC-12)	A	B	C	D	E
BC-13)	A	B	C	D	E
BC-14)	A	B	C	D	E
BC-15)	A	B	C	D	E
BC-16)	A	B	C	D	E
BC-17)	A	B	C	D	E
BC-18)	A	B	C	D	E
BC-19)	A	B	C	D	E
BC-20)	A	B	C	D	E
BC-21)	A	B	C	D	E

Part BD - Spatial: Figure Sequences

Circle the correct choice:

BD-1)	A	B	C	D	E	**BD-7)**	A	B	C	D	E
BD-2)	A	B	C	D	E	**BD-8)**	A	B	C	D	E
BD-3)	A	B	C	D	E	**BD-9)**	A	B	C	D	E
BD-4)	A	B	C	D	E	**BD-10)**	A	B	C	D	E
BD-5)	A	B	C	D	E	**BD-11)**	A	B	C	D	E
BD-6)	A	B	C	D	E	**BD-12)**	A	B	C	D	E

Part BE - Spatial: Spatial Analogies

Circle the correct choice:

BE-1)	A	B	C	D	E	**BE-12)**	A	B	C	D	E
BE-2)	A	B	C	D	E	**BE-13)**	A	B	C	D	E
BE-3)	A	B	C	D	E	**BE-14)**	A	B	C	D	E
BE-4)	A	B	C	D	E	**BE-15)**	A	B	C	D	E
BE-5)	A	B	C	D	E	**BE-16)**	A	B	C	D	E
BE-6)	A	B	C	D	E	**BE-17)**	A	B	C	D	E
BE-7)	A	B	C	D	E	**BE-18)**	A	B	C	D	E
BE-8)	A	B	C	D	E	**BE-19)**	A	B	C	D	E
BE-9)	A	B	C	D	E	**BE-20)**	A	B	C	D	E
BE-10)	A	B	C	D	E	**BE-21)**	A	B	C	D	E
BE-11)	A	B	C	D	E						

Part BF - Spatial: Paper Folding and Cutting

Circle the correct choice:

BF-1)	A	B	C	D	E	**BF-12)**	A	B	C	D	E
BF-2)	A	B	C	D	E	**BF-13)**	A	B	C	D	E
BF-3)	A	B	C	D	E	**BF-14)**	A	B	C	D	E
BF-4)	A	B	C	D	E	**BF-15)**	A	B	C	D	E
BF-5)	A	B	C	D	E	**BF-16)**	A	B	C	D	E
BF-6)	A	B	C	D	E	**BF-17)**	A	B	C	D	E
BF-7)	A	B	C	D	E	**BF-18)**	A	B	C	D	E
BF-8)	A	B	C	D	E	**BF-19)**	A	B	C	D	E
BF-9)	A	B	C	D	E	**BF-20)**	A	B	C	D	E
BF-10)	A	B	C	D	E	**BF-21)**	A	B	C	D	E
BF-11)	A	B	C	D	E						

C. Answer Worksheets - Analytical Section

Part CA - Analytical: Number Series and Patterns

Circle the correct choice:

CA-1)	A	B	C	D	E	CA-15)	A	B	C	D	E
CA-2)	A	B	C	D	E	CA-16)	A	B	C	D	E
CA-3)	A	B	C	D	E	CA-17)	A	B	C	D	E
CA-4)	A	B	C	D	E	CA-18)	A	B	C	D	E
CA-5)	A	B	C	D	E	CA-19)	A	B	C	D	E
CA-6)	A	B	C	D	E	CA-20)	A	B	C	D	E
CA-7)	A	B	C	D	E	CA-21)	A	B	C	D	E
CA-8)	A	B	C	D	E	CA-22)	A	B	C	D	E
CA-9)	A	B	C	D	E	CA-23)	A	B	C	D	E
CA-10)	A	B	C	D	E	CA-24)	A	B	C	D	E
CA-11)	A	B	C	D	E	CA-25)	A	B	C	D	E
CA-12)	A	B	C	D	E	CA-26)	A	B	C	D	E
CA-13)	A	B	C	D	E	CA-27)	A	B	C	D	E
CA-14)	A	B	C	D	E	CA-28)	A	B	C	D	E

Part CB - Analytical: Quantitative Comparisons

Circle the correct choice:

CB-1)	A	B	C		**CB-17)**	A	B	C
CB-2)	A	B	C		**CB-18)**	A	B	C
CB-3)	A	B	C		**CB-19)**	A	B	C
CB-4)	A	B	C		**CB-20)**	A	B	C
CB-5)	A	B	C		**CB-21)**	A	B	C
CB-6)	A	B	C		**CB-22)**	A	B	C
CB-7)	A	B	C		**CB-23)**	A	B	C
CB-8)	A	B	C		**CB-24)**	A	B	C
CB-9)	A	B	C		**CB-25)**	A	B	C
CB-10)	A	B	C		**CB-26)**	A	B	C
CB-11)	A	B	C		**CB-27)**	A	B	C
CB-12)	A	B	C		**CB-28)**	A	B	C
CB-13)	A	B	C		**CB-29)**	A	B	C
CB-14)	A	B	C		**CB-30)**	A	B	C
CB-15)	A	B	C					
CB-16)	A	B	C					

Part CC - Analytical: Numbers, Operators, and Equations (a + ? = b)

Remember – we are only working with non-negative results/numbers.

1)	2)	3)	4)	5)	6)
7)	8)	9)	10)	11)	12)
13)	14)	15)	16)	17)	18)
19)	20)	21)	22)	23)	24)
25)	26)	27)	28)	29)	30)
31)	32)	33)	34)	35)	36)
37)	38)	39)			

Part CD - Analytical: Numbers, Operators, and Equations (a + ? – b = c)

Remember – we are only working with non-negative results/numbers.

1)	2)	3)	4)	5)	6)
7)	8)	9)	10)	11)	12)
13)	14)	15)	16)	17)	18)
19)	20)	21)	22)	23)	24)
25)	26)	27)	28)	29)	30)
31)	32)	33)	34)	35)	36)
37)					

Part CE - Analytical: Numbers, Operators, and Equations (combine a, b, c, +, x)

Remember – we are only working with non-negative results/numbers.

1)	2)	3)	4)	5)	6)
7)	8)				

9)

10)

11)

12)

13)

14)

Part CF - Analytical: Numbers, Operators, and Equations (numbers and relations)

1)	2)	3)	4)	5)	6)
7)	8)	9)	10)	11)	12)

Explanations:

1)

2)

3)

4)

5)

6)

7)

8)

9)

10)

11)

12)

Part CG - Analytical: Numbers, Operators, and Equations (combinations)

CG-1)

CG-2)

CG-3)

CG-4)

D. Answer Worksheets - Fundamental Concepts - Time

Part DA - Telling time Basics: Set 1

1a)	1b)	1c)	1d)
2a)	2b)	2c)	2d)
3a)	3b)	3c)	3d)
4a)	4b)	4c)	4d)

5) Monday, _____, _____, _____, _____,

_____, _____

6) January, _____, _____, _____, _____,

_____, _____, _____, _____,

_____, _____, _____

7)

8)

9)

   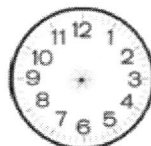      

a) __8 : 00__   b) __4 : 00__   c) __3 : 00__   d) __10 : 00__

10)

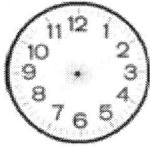 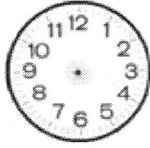  

a) __1 : 00__   b) __5 : 00__   c) __7 : 00__   d) __9 : 00__

11)

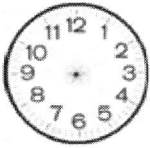   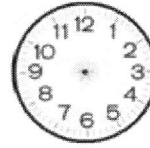

a) __2 : 00__   b) __6 : 00__   c) __11 : 00__   d) __12 : 00__

12)

a) __12 : 30__   b) __4 : 30__   c) __3 : 30__   d) __2 : 30__

13)

   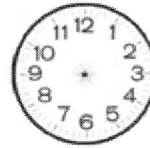

a) __1 : 30__   b) __6 : 30__   c) __11 : 30__   d) __10 : 30__

Part DB – Time: Set 2

1)	2)	3)	
4a)	4b)	4c)	4d)
5a)	5b)	5c)	5d)
6a)	6b)	6c)	6d)
7)	8)	9)	10)
11)	12)	13)	

Part DC – Time: Set 3

1)	2)	3)	
4a)	4b)	4c)	4d)
5a)	5b)	5c)	5d)
6a)	6b)	6c)	6d)
7)	8)	9)	10)
11)	12)	13)	

Part DD – Time: Set 4

1)	2)	3)	
4a)	4b)	4c)	4d)
5a)	5b)	5c)	5d)
6a)	6b)	6c)	6d)
7)	8)	9)	10)
11)	12)	13)	

Part DE – Time: Set 5

1)	2)	3)	4)

DE-5)

e.g. 10 : 00 ⟶

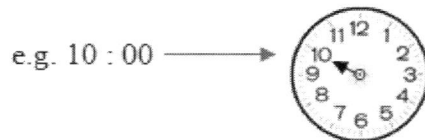

a) 12 : 00   b) 9 : 00   c) 5 : 00   d) 2 : 00

6a)	6b)	6c)	6d)
7a)	7b)	7c)	7d)
8)	9)	10)	11)
12)	13)	14)	15)

Part DF – Time: Set 6

1)	2)	3)	4)

DF-5)

a) 4 : 00   b) 11 : 00   c) 5 : 00   d) 10 : 00

6a)	6b)	6c)	6d)
7a)	7b)	7c)	7d)
8)	9)	10)	11)
12)	13)	14)	15)

Part DG – Time: Set 7

1)	2)	3)	4)

DG-5)

a) 8 : 00   b) 4 : 00   c) 10 : 00   d) 6 : 00

6a)	6b)	6c)	6d)
7a)	7b)	7c)	7d)
8)	9)	10)	11)
12)	13)	14)	15)

E. Answer Worksheets - Fundamental Concepts - Money

Part EA – Money Basics: Set 1

1a)	1b)	1c)	1d)
2a)	2b)	2c)	2d)
2e)	2f)	2g)	2h)
3a)	3b)	3c)	3d)
3e)	3f)	3g)	3h)
4a)	4b)	4c)	4d)
4e)	4f)	4g)	4h)
5a)	5b)	5c)	5d)
5e)	5f)	5g)	5h)
6a)	6b)	6c)	6d)
6e)	6f)	6g)	6h)
7a)	7b)	7c)	7d)
7e)	7f)	7g)	7h)
8)	9)	10)	11)
12)	13)		

Part EB – Money: Set 2

1)	2)	3)	4)
5a)	5b)	5c)	5d)
6a)	6b)	6c)	6d)
7a)	7b)	7c)	7d)
8)	9)	10)	11)
12)	13)	14)	

Part EC – Money: Set 3

1)	2)	3)	4)
5a)	5b)	5c)	5d)
6a)	6b)	6c)	6d)
7a)	7b)	7c)	7d)
8)	9)	10)	11)
12)	13)	14)	

Part ED – Money: Set 4

1)	2)	3)	4)
5a)	5b)	5c)	5d)
6a)	6b)	6c)	6d)
7a)	7b)	7c)	7d)
8)	9)	10)	11)
12)	13)	14)	

Part EE – Money: Set 5

1)	2)	3)	4)
5a)	5b)	5c)	5d)
6a)	6b)	6c)	6d)
7a)	7b)	7c)	7d)
8)	9)	10)	11)
12)	13)	14)	

Part EF – Money: Set 6

1)	2)	3)	4)
5a)	5b)	5c)	5d)
6a)	6b)	6c)	6d)
7a)	7b)	7c)	7d)
8)	9)	10)	11)
12)	13)	14)	

Part EG – Money: Set 7

1)	2)	3)	4)
5a)	5b)	5c)	5d)
6a)	6b)	6c)	6d)
7a)	7b)	7c)	7d)
8)	9)	10)	11)
12)	13)	14)	

F.   Answer Worksheets - Fundamental Concepts - Charts

Part FA – Charts – How to read them: Set 1

1)	2)	3)	4)
5)	6)	7)	8)
9)	10)	11)	12)
13)	14)	15)	16)
17)	18)	19)	20)
21)	22)	23)	24)
25)	26)	27)	28)
29)	30)	31)	32)
33)	34) Look back after completing 44	35)	36)
37)	38)	39)	40)
41)	42)	43)	44)

Part FB – Charts: Set 2

1)	2)	3)	4)
5)	6)	7)	8)
9)	10)	11)	12)
13)	14)	15)	16)
17)	18)		

Part FC – Charts: Set 3

1)	2)	3)	4)
5)	6)	7)	8)
9)	10)	11)	12)
13)	14)	15)	16)
17)	18)		

Part FD – Charts: Set 4

1)	2)	3)	4)
5)	6)	7)	8)
9)	10)	11)	12)
13)	14)	15)	16)
17)	18)		

Part FE – Charts: Set 5

1)	2)	3)	4)
5)	6)	7)	8)
9)	10)	11)	12)
13)	14)	15)	16)
17)	18)		

Part FF – Charts: Set 6

1)	2)	3)	4)
5)	6)	7)	8)
9)	10)	11)	12)
13)	14)	15)	16)
17)	18)		

Part FG – Charts: Set7

1)	2)	3)	4)
5)	6)	7)	8)
9)	10)	11)	12)
13)	14)	15)	16)
17)	18)		

G. Answer Worksheets - Fundamental Concepts – Length and Distance

Part GA – Length/Distance and Units/Measurements: Set 1

1a)	1b)	1c)	1d)
1e)	2)	3)	4)
5)	6)	7)	8)
9)	10)	11)	12)
13)	14)	15)	16)
17)	18)	19)	20)
21)	22)	23)	

Part GB – Length/Distance and Units/Measurements: Set 2

1)	2)	3)	4)
5)	6)	7)	8)
9)	10)	11)	12)
13)	14)	15)	16)
17)	18)	19)	

Part GC – Length and Distance: Set 3

1)	2)	3)	4)
5)	6)	7)	8)
9)	10)	11)	12)
13)	14)	15)	16)
17)			

Part GD – Length and Distance: Set 4

1)	2)	3)	4)
5)	6)	7)	8)
9)	10)	11)	12)
13)	14)	15)	16)

Part GE – Length and Distance: Set 5

1)	2)	3)	4)
5)	6)	7)	8)
9)	10)	11)	12)
13)	14)	15)	16)

Part GF – Length and Distance: Set 6

1)	2)	3)	4)
5)	6)	7)	8)
9)	10)	11)	12)
13)	14)	15)	16)
17)			

Part GG – Length and Distance: Set 7

1)	2)	3)	4)
5)	6)	7)	8)
9)	10)	11)	12)
13)	14)	15)	16)
17)			

H.   Answer Worksheets - Fundamental Concepts – Fractions

Part HA – Fractions: What are they: Set 1

1)	2) see below	3) see below	4) see below
5) see below	6) see below	Continued…	

(continued….)

continued from previous …		7)	8)
9)	10)	11) see below	12)
13) see below	14)	15)	16)
17)	18)	19)	20)
21)	22)	23)	24)
25)	26)	27)	28)
29) True	30)	31)	32)
33) c			

For question 11:

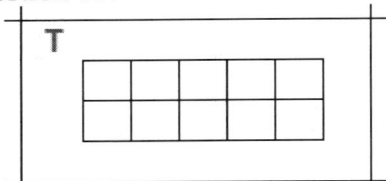

For question 13:

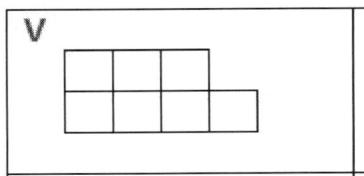

Part HB – Fractions: Set 2

1)	2)	3)	4)
5) see below	6) see below	7)	8)
9)	10) see below,	11) see below,	12) see below,
13)	14)	15)	16)
17)	18)	19)	20)
21)			

For questions 5 and 6:

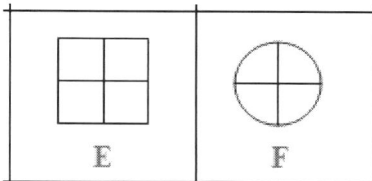

E   F

For questions 10 to 15:

D   E   F

Part HC – Fractions: Set 3

1)	2)	3)	4)
5)	6)	7)	8) see below
9) see below	10)	11) see below,	12) see below,
13) see below,	14) see below,	15) see below,	16)
17)	18) see below,	19)	20)
21)	22)	23)	24)

For answers to questions 8 and 9:

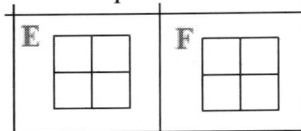

For answers to questions 11, 12, and 13

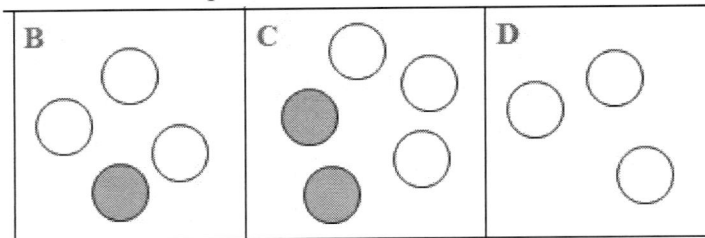

For answer to question 14

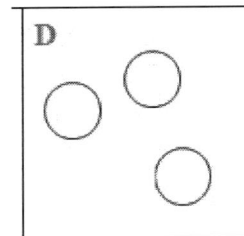

For answer to question 15

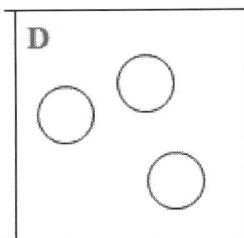

For answer to question 18

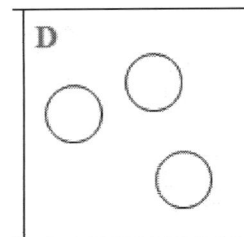

Part HD – Fractions: Set 4

1)	2)	3)	4)
5) see below	6) see below	7)	8)
9) see below,	10) see below,	11) see below,	12)
13)	14)	15)	16)
17)	18)	19)	20)

Figures for questions 5 and 6:

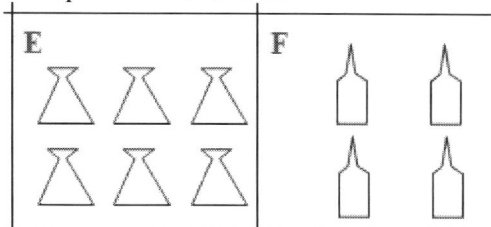

Figures for questions 9, 10, and 11:

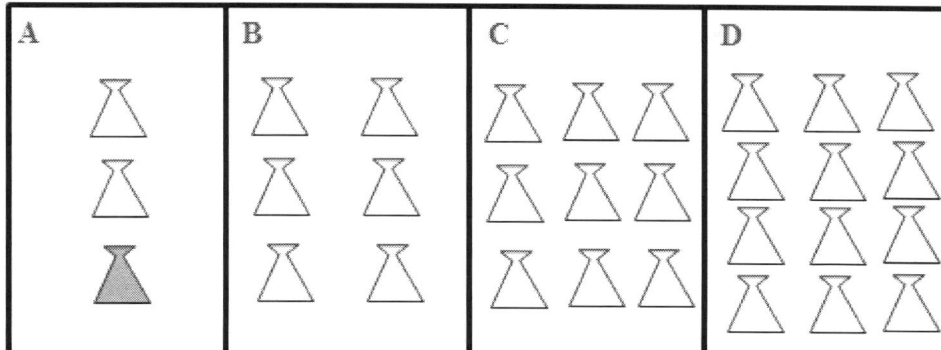

Part HE – Fractions: Set 5

1)	2)	3)	4)
5)	6)	7)	8)
9)	10)	11)	12)
13)	14)	15)	16)
17)	18)	19)	

Part HF – Fractions: Set 6

1)	2)	3)	4)
5)	6)	7)	8)
9)	10)	11)	12)
13)	14)	15)	16)
17)			

Part HG – Fractions: Set 7

1)	2)	3)	4)
5)	6)	7)	8)
9)	10)	11)	12)
13)	14)	15)	16)
17)	18)	19)	20)
21a)	21b)	21c)	21d)
21e)	21f)		

I. Answer Worksheets - Comprehensive Multiple Concepts – Putting it all together

Part IA – Summary of Comprehensive Multiple Concepts

This section is a summary of Comprehensive Multiple Concepts. There are no problems in this section.

Part IB – Comprehensive Concepts Set 1 to Set 10

Set 1: Circle the answers below

Verbal Classification	a	b	c	d	e
Fill in the blanks	a	b	c	d	e
Verbal Analogies	a	b	c	d	e
Numerical Comparisons	A	B	C		
Number Series & Patterns	a	b	c	d	e
Challenge	a	b	c	d	
Pictorial Classification	A	B	C	D	E
Figure Analogies	A	B	C	D	E
Spatial Visualization	A	B	C	D	E

Set 2: Circle the answers below

Verbal Classification	a	b	c	d	e
Fill in the blanks	a	b	c	d	e
Verbal Analogies	a	b	c	d	e
Numerical Comparisons	A	B	C		
Number Series & Patterns	a	b	c	d	e
Challenge	a	b	c	d	
Pictorial Classification	A	B	C	D	E
Figure Analogies	A	B	C	D	E
Spatial Visualization	A	B	C	D	E

Set 3: Circle the answers below

Verbal Classification	a	b	c	d	e
Fill in the blanks	a	b	c	d	e
Verbal Analogies	a	b	c	d	e
Numerical Comparisons	A	B	C		
Number Series & Patterns	a	b	c	d	e
Challenge	a	b	c	d	
Pictorial Classification	A	B	C	D	E
Figure Analogies	A	B	C	D	E
Spatial Visualization	A	B	C	D	E

Set 4: Circle the answers below

Verbal Classification	a	b	c	d	e
Fill in the blanks	a	b	c	d	e
Verbal Analogies	a	b	c	d	e
Numerical Comparisons	A	B	C		
Number Series & Patterns	a	b	c	d	e
Challenge	a	b	c	d	e
Pictorial Classification	A	B	C	D	E
Figure Analogies	A	B	C	D	E
Spatial Visualization	A	B	C	D	E

Set 5: Circle the answers below

Verbal Classification	a	b	c	d	e
Fill in the blanks	a	b	c	d	e
Verbal Analogies	a	b	c	d	e
Numerical Comparisons	A	B	C		
Number Series & Patterns	a	b	c	d	e
Challenge	a	b	c	d	e
Pictorial Classification	A	B	C	D	E
Figure Analogies	A	B	C	D	E
Spatial Visualization	A	B	C	D	E

Set 6: Circle the answers below

Verbal Classification	a	b	c	d	e
Fill in the blanks	a	b	c	d	e
Verbal Analogies	a	b	c	d	e
Numerical Comparisons	A	B	C		
Number Series & Patterns	a	b	c	d	e
Challenge	a	b	c	d	
Pictorial Classification	A	B	C	D	E
Figure Analogies	A	B	C	D	E
Spatial Visualization	A	B	C	D	E

Set 7: Circle the answers below

Verbal Classification	a	b	c	d	e
Fill in the blanks	a	b	c	d	e
Verbal Analogies	a	b	c	d	e
Numerical Comparisons	A	B	C		
Number Series & Patterns	a	b	c	d	e
Challenge	a	b	c	d	e
Pictorial Classification	A	B	C	D	E
Figure Analogies	A	B	C	D	E
Spatial Visualization	A	B	C	D	E

Set 8: Circle the answers below

Verbal Classification	a	b	c	d	e
Fill in the blanks	a	b	c	d	e
Verbal Analogies	a	b	c	d	e
Numerical Comparisons	A	B	C		
Number Series & Patterns	a	b	c	d	e
Challenge	a	b	c	d	e
Pictorial Classification	A	B	C	D	E
Figure Analogies	A	B	C	D	E
Spatial Visualization	A	B	C	D	E

Set 9: Circle the answers below

Verbal Classification	a	b	c	d	e
Fill in the blanks	a	b	c	d	e
Verbal Analogies	a	b	c	d	e
Numerical Comparisons	A	B	C		
Number Series & Patterns	a	b	c	d	e
Challenge	a	b	c	d	e
Pictorial Classification	A	B	C	D	E
Figure Analogies	A	B	C	D	E
Spatial Visualization	A	B	C	D	E

Set 10: Circle the answers below

Verbal Classification	a	b	c	d	e
Fill in the blanks	a	b	c	d	e
Verbal Analogies	a	b	c	d	e
Numerical Comparisons	A	B	C		
Number Series & Patterns	a	b	c	d	e
Challenge	a	b	c	d	e
Pictorial Classification	A	B	C	D	E
Figure Analogies	A	B	C	D	E
Spatial Visualization	A	B	C	D	E

Part IC – Comprehensive Concepts Set 11 to Set 20

Set 11: Circle the answers below

Verbal Classification	a	b	c	d	e
Fill in the blanks	a	b	c	d	e
Verbal Analogies	a	b	c	d	e
Numerical Comparisons	A	B	C		
Number Series & Patterns	a	b	c	d	e
Challenge	a	b	c	d	e
Pictorial Classification	A	B	C	D	E
Figure Analogies	A	B	C	D	E
Spatial Visualization	A	B	C	D	E

Set 12: Circle the answers below

Verbal Classification	a	b	c	d	e
Fill in the blanks	a	b	c	d	e
Verbal Analogies	a	b	c	d	e
Numerical Comparisons	A	B	C		
Number Series & Patterns	a	b	c	d	e
Challenge	a	b	c	d	e
Pictorial Classification	A	B	C	D	E
Figure Analogies	A	B	C	D	E
Spatial Visualization	A	B	C	D	E

Set 13: Circle the answers below

Verbal Classification	a	b	c	d	e
Fill in the blanks	a	b	c	d	e
Verbal Analogies	a	b	c	d	e
Numerical Comparisons	A	B	C		
Number Series & Patterns	a	b	c	d	e
Challenge	a	b	c	d	e
Pictorial Classification	A	B	C	D	E
Figure Analogies	A	B	C	D	E
Spatial Visualization	A	B	C	D	E

Set 14: Circle the answers below

Verbal Classification	a	b	c	d	e
Fill in the blanks	a	b	c	d	e
Verbal Analogies	a	b	c	d	e
Numerical Comparisons	A	B	C		
Number Series & Patterns	a	b	c	d	e
Challenge	a	b	c	d	e
Pictorial Classification	A	B	C	D	E
Figure Analogies	A	B	C	D	E
Spatial Visualization	A	B	C	D	E

Set 15: Circle the answers below

Verbal Classification	a	b	c	d	e
Fill in the blanks	a	b	c	d	e
Verbal Analogies	a	b	c	d	e
Numerical Comparisons	A	B	C		
Number Series & Patterns	a	b	c	d	e
Challenge	a	b	c	d	e
Pictorial Classification	A	B	C	D	E
Figure Analogies	A	B	C	D	E
Spatial Visualization	A	B	C	D	E

Set 16: Circle the answers below

Verbal Classification	a	b	c	d	e
Fill in the blanks	a	b	c	d	e
Verbal Analogies	a	b	c	d	e
Numerical Comparisons	A	B	C		
Number Series & Patterns	a	b	c	d	e
Challenge	a	b	c	d	e
Pictorial Classification	A	B	C	D	E
Figure Analogies	A	B	C	D	E
Spatial Visualization	A	B	C	D	E

Set 17: Circle the answers below

Verbal Classification	a	b	c	d	e
Fill in the blanks	a	b	c	d	e
Verbal Analogies	a	b	c	d	e
Numerical Comparisons	A	B	C		
Number Series & Patterns	a	b	c	d	e
Challenge	a	b	c	d	e
Pictorial Classification	A	B	C	D	E
Figure Analogies	A	B	C	D	E
Spatial Visualization	A	B	C	D	E

Set 18: Circle the answers below

Verbal Classification	a	b	c	d	e
Fill in the blanks	a	b	c	d	e
Verbal Analogies	a	b	c	d	e
Numerical Comparisons	A	B	C		
Number Series & Patterns	a	b	c	d	e
Challenge	a	b	c	d	e
Pictorial Classification	A	B	C	D	E
Figure Analogies	A	B	C	D	E
Spatial Visualization	A	B	C	D	E

Set 19: Circle the answers below

Verbal Classification	a	b	c	d	e
Fill in the blanks	a	b	c	d	e
Verbal Analogies	a	b	c	d	e
Numerical Comparisons	A	B	C		
Number Series & Patterns	a	b	c	d	e
Challenge	a	b	c	d	e
Pictorial Classification	A	B	C	D	E
Figure Analogies	A	B	C	D	E
Spatial Visualization	A	B	C	D	E

Set 20: Circle the answers below

Verbal Classification	a	b	c	d	e
Fill in the blanks	a	b	c	d	e
Verbal Analogies	a	b	c	d	e
Numerical Comparisons	A	B	C		
Number Series & Patterns	a	b	c	d	e
Challenge	a	b	c	d	e
Pictorial Classification	A	B	C	D	E
Figure Analogies	A	B	C	D	E
Spatial Visualization	A	B	C	D	E

Part ID – Comprehensive Concepts Set 21 to Set 30

Set 21: Circle the answers below

Verbal Classification	a	b	c	d	e
Fill in the blanks	a	b	c	d	e
Verbal Analogies	a	b	c	d	e
Numerical Comparisons	A	B	C		
Number Series & Patterns	a	b	c	d	e
Challenge	a	b	c	d	e
Pictorial Classification	A	B	C	D	E
Figure Analogies	A	B	C	D	E
Spatial Visualization	A	B	C	D	E

Set 22: Circle the answers below

Verbal Classification	a	b	c	d	e
Fill in the blanks	a	b	c	d	e
Verbal Analogies	a	b	c	d	e
Numerical Comparisons	A	B	C		
Number Series & Patterns	a	b	c	d	e
Challenge	a	b	c	d	e
Pictorial Classification	A	B	C	D	E
Figure Analogies	A	B	C	D	E
Spatial Visualization	A	B	C	D	E

Set 23: Circle the answers below

Verbal Classification	a	b	c	d	e
Fill in the blanks	a	b	c	d	e
Verbal Analogies	a	b	c	d	e
Numerical Comparisons	A	B	C		
Number Series & Patterns	a	b	c	d	e
Challenge	a	b	c	d	e
Pictorial Classification	A	B	C	D	E
Figure Analogies	A	B	C	D	E
Spatial Visualization	A	B	C	D	E

Set 24: Circle the answers below

Verbal Classification	a	b	c	d	e
Fill in the blanks	a	b	c	d	e
Verbal Analogies	a	b	c	d	e
Numerical Comparisons	A	B	C		
Number Series & Patterns	a	b	c	d	e
Challenge	a	b	c	d	e
Pictorial Classification	A	B	C	D	E
Figure Analogies	A	B	C	D	E
Spatial Visualization	A	B	C	D	E

Set 25: Circle the answers below

Verbal Classification	a	b	c	d	e
Fill in the blanks	a	b	c	d	e
Verbal Analogies	a	b	c	d	e
Numerical Comparisons	A	B	C		
Number Series & Patterns	a	b	c	d	e
Challenge	a	b	c	d	e
Pictorial Classification	A	B	C	D	E
Figure Analogies	A	B	C	D	E
Spatial Visualization	A	B	C	D	E

Set 26: Circle the answers below

Verbal Classification	a	b	c	d	e
Fill in the blanks	a	b	c	d	e
Verbal Analogies	a	b	c	d	e
Numerical Comparisons	A	B	C		
Number Series & Patterns	a	b	c	d	e
Challenge	a	b	c	d	e
Pictorial Classification	A	B	C	D	E
Figure Analogies	A	B	C	D	E
Spatial Visualization	A	B	C	D	E

Set 27: Circle the answers below

Verbal Classification	a	b	c	d	e
Fill in the blanks	a	b	c	d	e
Verbal Analogies	a	b	c	d	e
Numerical Comparisons	A	B	C		
Number Series & Patterns	a	b	c	d	e
Challenge	a	b	c	d	e
Pictorial Classification	A	B	C	D	E
Figure Analogies	A	B	C	D	E
Spatial Visualization	A	B	C	D	E

Set 28: Circle the answers below

Verbal Classification	a	b	c	d	e
Fill in the blanks	a	b	c	d	e
Verbal Analogies	a	b	c	d	e
Numerical Comparisons	A	B	C		
Number Series & Patterns	a	b	c	d	e
Challenge	a	b	c	d	e
Pictorial Classification	A	B	C	D	E
Figure Analogies	A	B	C	D	E
Spatial Visualization	A	B	C	D	E

Set 29: Circle the answers below

Verbal Classification	a	b	c	d	e
Fill in the blanks	a	b	c	d	e
Verbal Analogies	a	b	c	d	e
Numerical Comparisons	A	B	C		
Number Series & Patterns	a	b	c	d	e
Challenge	a	b	c	d	e
Pictorial Classification	A	B	C	D	E
Figure Analogies	A	B	C	D	E
Spatial Visualization	A	B	C	D	E

Set 30: Circle the answers below

Verbal Classification	a	b	c	d	e
Fill in the blanks	a	b	c	d	e
Verbal Analogies	a	b	c	d	e
Numerical Comparisons	A	B	C		
Number Series & Patterns	a	b	c	d	e
Challenge	a	b	c	d	
Pictorial Classification	A	B	C	D	E
Figure Analogies	A	B	C	D	E
Spatial Visualization	A	B	C	D	E

Part IE – Comprehensive Concepts Set 31 to Set 40

Set 31: Circle the answers below

Verbal Classification	a	b	c	d	e
Fill in the blanks	a	b	c	d	e
Verbal Analogies	a	b	c	d	e
Numerical Comparisons	A	B	C		
Number Series & Patterns	a	b	c	d	e
Challenge	a	b	c	d	e
Pictorial Classification	A	B	C	D	E
Figure Analogies	A	B	C	D	E
Spatial Visualization	A	B	C	D	E

Set 32: Circle the answers below

Verbal Classification	a	b	c	d	e
Fill in the blanks	a	b	c	d	e
Verbal Analogies	a	b	c	d	e
Numerical Comparisons	A	B	C		
Number Series & Patterns	a	b	c	d	e
Challenge	a	b	c	d	e
Pictorial Classification	A	B	C	D	E
Figure Analogies	A	B	C	D	E
Spatial Visualization	A	B	C	D	E

Set 33: Circle the answers below

Verbal Classification	a	b	c	d	e
Fill in the blanks	a	b	c	d	e
Verbal Analogies	a	b	c	d	e
Numerical Comparisons	A	B	C		
Number Series & Patterns	a	b	c	d	e
Challenge	a	b	c	d	e
Pictorial Classification	A	B	C	D	E
Figure Analogies	A	B	C	D	E
Spatial Visualization	A	B	C	D	E

Set 34: Circle the answers below

Verbal Classification	a	b	c	d	e
Fill in the blanks	a	b	c	d	e
Verbal Analogies	a	b	c	d	e
Numerical Comparisons	A	B	C		
Number Series & Patterns	a	b	c	d	e
Challenge	a	b	c	d	e
Pictorial Classification	A	B	C	D	E
Figure Analogies	A	B	C	D	E
Spatial Visualization	A	B	C	D	E

Set 35: Circle the answers below

Verbal Classification	a	b	c	d	e
Fill in the blanks	a	b	c	d	e
Verbal Analogies	a	b	c	d	e
Numerical Comparisons	A	B	C		
Number Series & Patterns	a	b	c	d	e
Challenge	a	b	c	d	e
Pictorial Classification	A	B	C	D	E
Figure Analogies	A	B	C	D	E
Spatial Visualization	A	B	C	D	E

Set 36: Circle the answers below

Verbal Classification	a	b	c	d	e
Fill in the blanks	a	b	c	d	e
Verbal Analogies	a	b	c	d	e
Numerical Comparisons	A	B	C		
Number Series & Patterns	a	b	c	d	e
Challenge	a	b	c	d	e
Pictorial Classification	A	B	C	D	E
Figure Analogies	A	B	C	D	E
Spatial Visualization	A	B	C	D	E

Set 37: Circle the answers below

Verbal Classification	a	b	c	d	e
Fill in the blanks	a	b	c	d	e
Verbal Analogies	a	b	c	d	e
Numerical Comparisons	A	B	C		
Number Series & Patterns	a	b	c	d	e
Challenge	a	b	c	d	e
Pictorial Classification	A	B	C	D	E
Figure Analogies	A	B	C	D	E
Spatial Visualization	A	B	C	D	E

Set 38: Circle the answers below

Verbal Classification	a	b	c	d	e
Fill in the blanks	a	b	c	d	e
Verbal Analogies	a	b	c	d	e
Numerical Comparisons	A	B	C		
Number Series & Patterns	a	b	c	d	e
Challenge	a	b	c	d	e
Pictorial Classification	A	B	C	D	E
Figure Analogies	A	B	C	D	E
Spatial Visualization	A	B	C	D	E

Set 39: Circle the answers below

Verbal Classification	a	b	c	d	e
Fill in the blanks	a	b	c	d	e
Verbal Analogies	a	b	c	d	e
Numerical Comparisons	A	B	C		
Number Series & Patterns	a	b	c	d	e
Challenge	a	b	c	d	e
Pictorial Classification	A	B	C	D	E
Figure Analogies	A	B	C	D	E
Spatial Visualization	A	B	C	D	E

Set 40: Circle the answers below

Verbal Classification	a	b	c	d	e
Fill in the blanks	a	b	c	d	e
Verbal Analogies	a	b	c	d	e
Numerical Comparisons	A	B	C		
Number Series & Patterns	a	b	c	d	e
Challenge	a	b	c	d	e
Pictorial Classification	A	B	C	D	E
Figure Analogies	A	B	C	D	E
Spatial Visualization	A	B	C	D	E

Conclusion

Please provide feedback by writing a review and let us know what we can do to improve this workbook.

Appendix: Parts of Speech

A quick review of the parts of speech is covered in this appendix section.

Part AA - Verbal: Parts of Speech

This section covers the fundamentals of sentence construction.

Why you should know the parts of speech?

Parts of speech are important for everyone to know. Whether you want to grow up to be a doctor, or a lawyer, or if your favorite ice-cream flavor is mint, you need to know the parts of speech to be an effective communicator. If in any competitive test, you are asked what a preposition is, will you know? Well, if you don't, read on!

Also, to get a good grade in English in your school, you need to know your parts of speech.

Finally, and most importantly, you need to know the parts of speech so that if anybody asks you if you know them, you can say YES!

And – knowing the parts of speech is not difficult. The following pages are going to make it easy.

Let's start!

AA-1.
Noun – A noun is a word that is used for a person, place, thing, or idea

Noun - person

The <u>doctor</u> smiled warmly.

Some examples of nouns (person): Richard, thief, cat (though not a person). teacher

Make 3 sentences using "person" as a noun.

1.

2.

3.

AA-2.

Noun – A noun is a word that is used for a person, place, thing, or idea

Noun - place

The <u>hospital</u> was crowded.

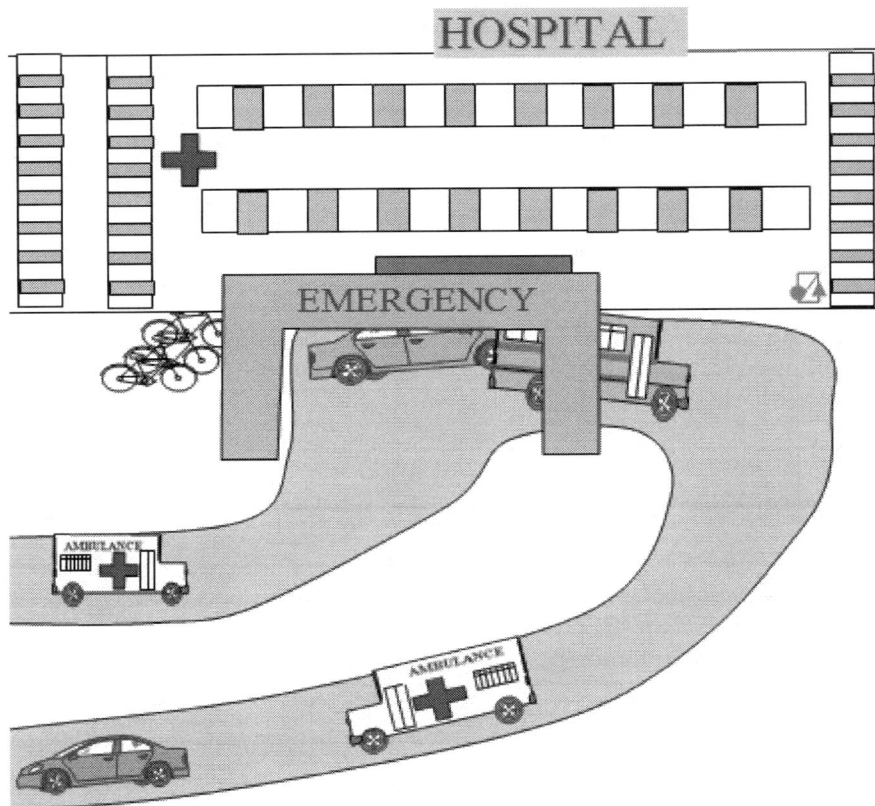

Some examples of nouns (place): school, hall, room, city

Make 3 sentences using "place" as a noun.

1.

2.

3.

AA-3.

Noun – A noun is a word that is used for a person, place, thing, or idea

Noun - thing

The <u>stethoscope</u> was cold.

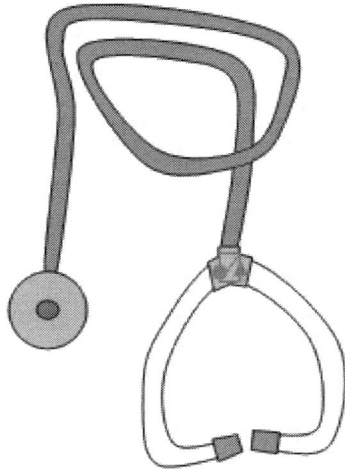

The round metal part feels cold when the doctor places it against our chest to listen to our heartbeat.

Some examples of nouns (thing): box, tree, watch, violin

Make 3 sentences using "thing" as a noun.

1.

2.

3.

AA-4.

Noun – A noun is a word that is used for a person, place, thing, or idea

Noun – idea (includes emotions)

The <u>surprise</u> was evident on the receptionist's face.

Surprise is a noun but surprised is not a noun. Surprised is an adjective.

Some examples of nouns (idea): anger, sadness, joy, kindness

Make 3 sentences using "idea" as a noun.

1.

2.

3.

AA-5.

Pronoun – is a word used in place of a noun

She is a very good doctor.

Dr. Brown is a very good doctor. She is very caring and patient.

Some examples of pronouns: he, I, it, they, we, you

Make 3 sentences using a pronoun.

1.

2.

3.

AA-6.

Verb – a verb is a word that expresses action

The doctor <u>ran</u> to the operating room.

This picture depicts the action "ran" which is the verb in the above sentence.

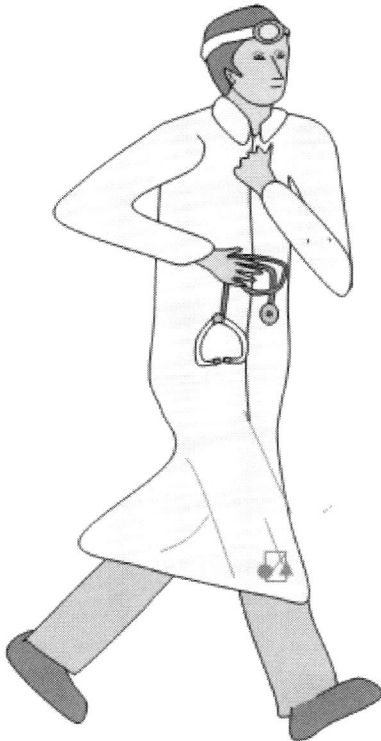

Some examples of verbs: walk, think, talk, drink, jump

Make 3 sentences with 3 different verbs.

1.

2.

3.

AA-7.

Adverb – an adverb is a word that describes a verb, adjective, or another adverb by telling how, where, and when about the word that it is describing

Many medicines act very <u>rapidly</u>.

The medicine in the bottle is being given intravenously for quick action.

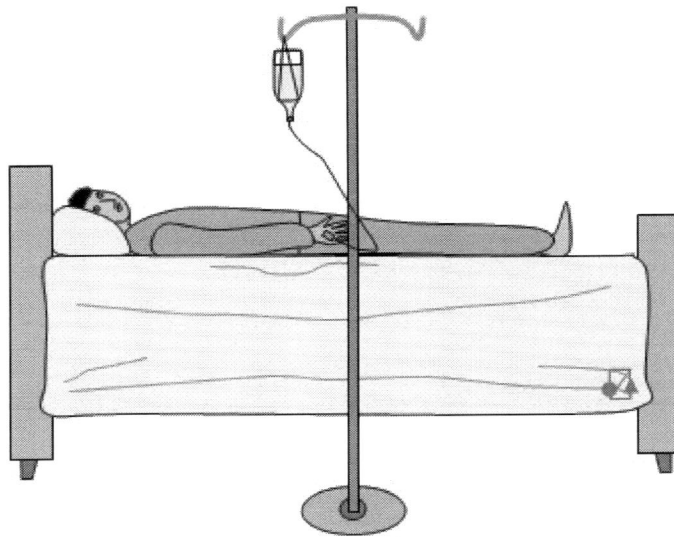

Some examples of adverbs: slowly, hastily, rudely, quietly

Make 3 sentences with 3 different adverbs.

1.

2.

3.

Adjective – an adjective is a word that describes a noun or a pronoun

The <u>empty</u> bottle used to be full of pills.

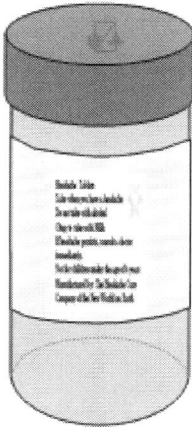

The pharmacist said to his assistant, "Replace the empty bottle with a full bottle."

Some examples of adjectives: red, tall, smart, handsome

Make 3 sentences with 3 different adjectives.

1.

2.

3.

Preposition – a preposition is a word that shows a relationship between a noun or pronoun and another word

The syringes are <u>behind</u> the bottles on the right side of the cabinet.

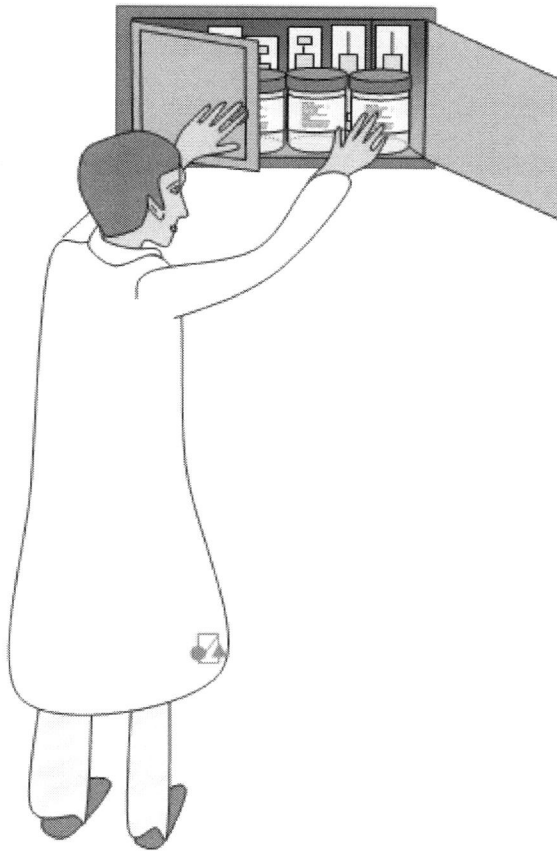

Some examples of prepositions: through, on, in, by, under

Make 3 sentences with 3 different prepositions

1.

2.

3.

Conjunction – a conjunction is a word that joins words, phrases, or sentences

The doctor ate a sandwich <u>and</u> an apple at the hospital cafeteria.

Some examples of conjunctions: but, also, so, or

Make 3 sentences with 3 different conjunctions.

1.

2.

3.

Interjection – an interjection shows strong feeling

<u>Oh</u>! This is serious!

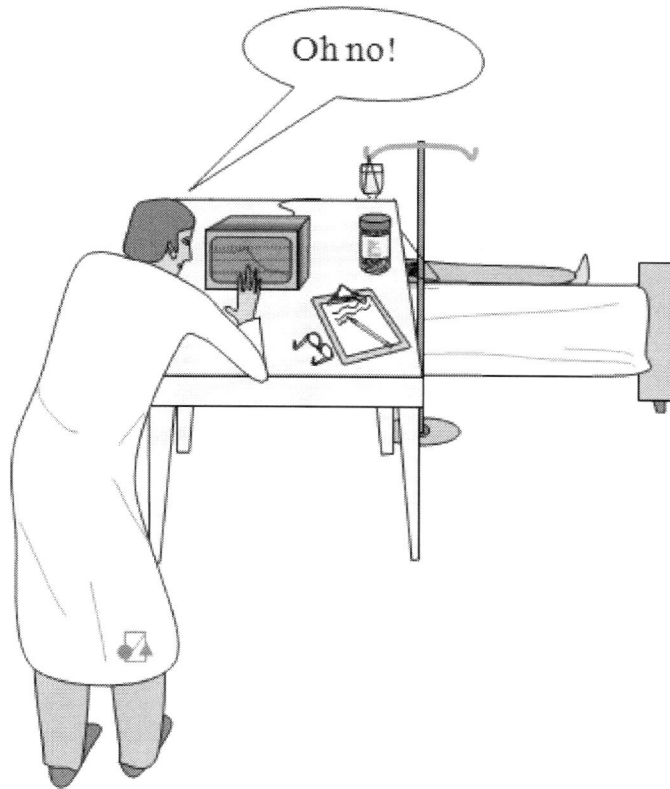

Some examples of interjections: Hello!, Ouch!, Aha!

Make 3 sentences with 3 different interjections.

1.

2.

3.

Made in the USA
Las Vegas, NV
27 October 2021